MANUEL LÓPEZ MATEOS

EL TRABAJO
&
OTROS ARTÍCULOS

segunda edición

MANUEL LÓPEZ MATEOS

Manuel López Mateos

El Trabajo
&
otros artículos

segunda edición

M L M
EDITOR

2019

El Trabajo y otros artículos, segunda edición
Manuel López Mateos

©2019 MLM EDITOR
   Matamoros s/n
   Primera Sección
   Santa María Xadani, Oaxaca.
   C.P. 70125
   México

ISBN: 9781091437548

Información para catalogación bibliográfica:
   López Mateos, Manuel.
   El Trabajo y otros artículos / Manuel López Mateos — 2a ed.
   viii–62 p. cm.

1. Trabajo 2. Oaxaca 3. Economía 4. Sociedad 5. Sustentabilidad 6. Salario I. López Mateos, Manuel, 1945–   II. Título.

Producido en México
Imprint: *Independently published*

Versión: 25 de marzo de 2019 06:44:25 -06:00
https://trabajo.mi-libro.club

Introducción

Incluimos en este volumen la mayoría de los artículos publicados en el diario CANTERA de la ciudad de Oaxaca durante la primera mitad del año de 1998.

Aunque el hilo conductor es EL TRABAJO, tema que desde mi punto de vista no pierde actualidad y continúa siendo punto clave para la indispensable renovación de la economía y la construcción de nuevas relaciones sociales, en los artículos se tocan, además, temas relacionados con Oaxaca, el medio ambiente y el movimiento popular de 1968, así como algunos intercalados sobre la enseñanza de las matemáticas y la actualización de maestros.

Si la lectura de estos artículos provocara en algunas personas el deseo de jalar una o varias puntas de la madeja, me daré por bien servido.

MANUEL LÓPEZ MATEOS
manuel@cedmat.net
25 de marzo de 2019
6:44

El trabajo

Febrero 11, 1998

A lo largo de la historia se ha contemplado EL TRABAJO más como con la capacidad de explotarlo que como característica particular de expresión humana. El trabajo ha sido esclavo, servil y asalariado. En todas sus modalidades ha servido para enriquecer a unos y empobrecer a muchos. Actualmente se habla, no sólo en nuestro país sino como panacea mundial, de la necesidad de generar empleos, de dotar a la población de **trabajo** para superar la pobreza.

¿De qué se trata? Es evidente que en las regiones marginadas sufrimos de manera particular los vaivenes de la economía mundial. Somos víctimas del espejismo de que es más barato comprar que producir. Se plantea el trabajo como manera de obtener un salario para mal vivir. Pero sucede que la mayoría de los oaxaqueños tenemos muy en alto el concepto de **disfrutar** nuestros recursos: Las comunidades de Valles Centrales, los pueblos de la llamada zona Huave, los guardianes de las preciosas selvas de los Chimalapas, los habitantes de la Costa y de las sierras cercanas, los celosos habitantes de la Mixteca, los pueblos del Istmo, en fin, el conjunto de los pueblos oaxaqueños, más preferimos, con **trabajo**, interactuar de manera productiva con nuestras rique-

1

zas de manera de preservarlas, disfrutarlas y poder vivir de ellas.

Se contraponen dos conceptos de trabajo: uno que utiliza quien tiene capacidad de contratarlo para su beneficio y otro que se ejerce de propia voluntad en beneficio de la comunidad. Uno da para vivir y el otro exige vivir para realizarlo. El trabajo asalariado captura al individuo y en el trabajo comunitario el individuo se realiza como parte de la sociedad.

Sin embargo, por necesidad de supervivencia, el individuo de la comunidad es atraído por el trabajo para otros. ¿Qué encuentra en ese trabajo? está claro, su comida.

¿Entonces, de qué nuevo concepto de trabajo hablamos? ¿Hablamos del trabajo de los oaxaqueños que sirva para enriquecer a inversionistas a cambio de un modo de mal vivir?

No, hablamos del trabajo de los oaxaqueños para que con inversión, ya sea nacional o extranjera, preservemos recursos, construyamos empleos y la evolución de nuestra cultura sea de autorrespeto. Que aprendamos técnicas eficientes de administrar nuestras riquezas y nos ubiquemos, los oaxaqueños, en el concierto de progreso y bienestar que se debe a todo el género humano.

¿Cómo lograr que el trabajo dedicado a la comunidad sea un trabajo productivo según los cánones de la economía mundial contemporánea? Es una pregunta que sí tiene respuesta.

La clave es el nuevo concepto de **trabajo**.

Trabajo (II)

Febrero 12, 1998

Es necesario evolucionar el concepto de trabajo. Para ello tenemos que reordenar o redefinir o revalorizar conceptos como empleo, jornada, salario, inversión, capital, financiamiento y subvención. Tenemos que expresar nuevas relaciones entre esos conceptos, tenemos que definir nuevas operaciones que permitan **superar** la limitada fórmula de intercambio de jornada laboral por salario; operaciones y relaciones que nos indiquen cómo avanzar y utilizar el trabajo para lograr un lugar digno en la sociedad.

Pero el trabajo no es una problemática individual, como lo sería el empleo. El trabajo en una sociedad debe situarse como elemento medular de **grandes** rubros aglutinantes a saber, salud, educación, empleo, dinero y desarrollo. Por tanto es necesario desmenuzar y situar el papel del trabajo en la transformación, en la evolución de estadios simples a estadios complejos. Así, nuestro esfuerzo por plantear una conceptualización del trabajo que permita superar el actual estancamiento y deterioro de la *cosa económica*, nos llevará a desarrollar los temas de:

a) Habilidades y conocimiento,

b) Trabajo y estatus,

c) Propiedad de la tierra: Combate a la pobreza,

d) Propiedad del trabajo: Conquista de un lugar en la sociedad,

e) Propiedad del capital: Propagación de la riqueza, y

f) Educación: Un deber de la humanidad.

Noten que debemos esforzarnos por describir el tipo de sociedad a que aspiramos, y la manera en que los individuos manifestemos adherencia a ese modelo y participemos en su construcción. Afirmamos que es indispensable que la nueva conceptualización de trabajo nos permita construir líneas de acción y expresión para avanzar hacia una práctica económica que sea el soporte de la evolución de la humanidad hacia la sociedad sin pobreza que debiera ser meta para el próximo siglo.

Comencemos por el principio, actualmente se considera que el trabajo es la actividad desarrollada en una jornada laboral en un empleo, por lo cual se devenga un salario, parte en dinero y parte en prestaciones. Hay un elemento claro: un empleo presupone la existencia de un empleador con capacidad de pagar salarios. Una jornada laboral se piensa como horas continuas de disposición para una actividad y no siempre se efectúa como parte de un empleo (el ejemplo más claro es el ama de casa). Pero ¿el trabajo? ¿es lo que se realiza durante una jornada laboral? Es decir, ¿No hay trabajo fuera de la llamada jornada laboral? y, ¿todo lo que se hace en la jornada laboral es trabajo? Nos vemos en la necesidad de cuestionarnos sobre el significado de trabajo y sobre el significado de producto del trabajo. Es necesario incorporar dos elementos: calidad y cantidad de trabajo.

Sabatina: *Enseñanza de las matemáticas*

Febrero 13, 1998

Las matemáticas son ciencia útil, interesante y divertida. Estudia por medio del razonamiento deductivo propiedades de entes abstractos, como números y figuras geométricas, entre otros, así como las relaciones que tienen entre sí. Abarca temas como aritmética, geometría, álgebra, cálculo, probabilidad, estadística y muchas otras áreas especializadas de investigación.

Sin tratarse de una línea divisoria, se habla de matemáticas puras cuando se investiga algún tema sólo por su interés teórico, y de matemáticas aplicadas cuando se trata de desarrollar herramientas y técnicas para resolver problemas específicos de desarrollo o de ingeniería, o de aplicaciones muy teóricas en las otras ciencias.

Vemos matemáticas en todos los aspectos de la vida moderna. Al hacer tamales o construir una casa usamos números, geometría, medidas y espacio. Al diseñar instrumentos de precisión, desarrollar nuevas tecnologías y construir computadoras avanzadas usamos matemáticas más técnicas.

Las matemáticas surgen de la necesidad de medir el tiempo y de contar. Así, la historia de las matemáticas comienza con los orígenes de los números y el reconocimiento de las dimensiones y propiedades del espacio y del tiempo. Las evidencias más antiguas de formas primitivas de conteo aparecen como muescas en huesos y piezas marcadas de piedra y madera. Los usos de la geometría aparecen como patrones trazados en cuevas y en cerámica. Conforme fue creciendo la civilización evolucionó el campo de las matemáticas. Comenzaron a desarrollarse sofisticados sistemas numéricos y conocimientos básicos de aritmética, geometría y álgebra.

El creciente uso de las matemáticas en la vida moderna no lleva aparejado un desarrollo adecuado de métodos de enseñanza, en particular existe una gran deficiencia en la formación y actualización de maestros y maestras de matemáticas a nivel básico. La falta de confianza del maestro en el dominio de la materia que debe enseñar le genera angustia que desemboca en una situación tensa durante la clase de matemáticas y en una actitud autoritaria ante dudas planteadas por sus alumnos. Como resultado, generaciones de niñas y niños crecen en el rechazo a las matemáticas y, en general, al estudio de las ciencias, con la consecuente merma de recursos humanos capaces de emplear tecnologías contemporáneas indispensables en la efectiva planificación y realización de un equilibrado desarrollo económico.

Es necesario elevar el nivel de las instituciones educativas mediante un firme impulso para mejorar la calidad de la educación, pero una tarea de emergencia es llevar a cabo una gran jornada de actualización en matemáticas para los maestros de enseñanza básica.

Trabajo y trabajo humano

Febrero 14, 1998

¿Qué es el trabajo? Partamos de una concepción elemental: Trabajo es la capacidad del ser humano de transformar la naturaleza. La primera impugnación de la concepción elemental es que no sólo los seres humanos transformamos la naturaleza, hay multitud de seres vivos que lo hacen ¿también realizan trabajo?

Nadie negará que las hormigas al construir su colonia realizan trabajo. Nadie negará que las abejas realizan trabajo para construir su panal, incluso la analogía es justa, se habla de obreras... y también de zánganos. La leona caza y alimenta a su cría, el pájaro carpintero, la nutria y multitud de aves, peces, insectos, animales grandes y microscópicos construyen su refugio, alimentan a sus vástagos, protegen territorio y constituyen comunidades; realizan trabajo. ¿Cuál es la diferencia entre el trabajo de los seres humanos y los demás seres vivos? Ya lo dijo El Moro (El Moro es el cariñoso calificativo que sus hijas daban a CARLOS MARX): la diferencia entre la mejor abeja y el peor obrero es que el obrero planifica mientras que la abeja obra por instinto. ¡Claro! ¿Y cómo sabemos que los seres vivos diferentes al ser humano no planifican? Sin pretender escabullir la discusión remito a un librito de fácil y amena lectura: *De como el hombre llegó a ser gigante*[1]. Ahí se ilustra cómo casi todos los seres vivos, excepto el ser humano, realizan su trabajo sólo dentro de un *habitat* y cómo sólo nuestra especie es capaz de domeñar los elementos y, mediante **voluntad** y **trabajo**, logramos transformar espacios inhóspitos en habitables. Concedamos, por ahora, que la capacidad del ser humano de sobrevivir en condiciones adversas, a diferencia de los demás seres vivos, más que mera voluntad implica capacidad de *ver más adelante*, de *saber qué se quiere*, de planificar. El trabajo humano, en una primera apreciación, es planeado. Digamos entonces que trabajo es la capacidad del ser humano de transformar de manera consciente la naturaleza.

Hemos dado un buen paso, distinguimos entre trabajo y trabajo humano. Nuestro tema es el trabajo humano y nos referiremos a él como trabajo.

¿Cómo se realiza el trabajo humano, es decir el trabajo? Repito y puntualizo, porque será necesario en futuras referencias, ¿cómo se realiza el trabajo?

¿Cómo se realiza el trabajo? ¿Por qué se realiza el trabajo? ¿Se paga el trabajo? ¿Sabemos apreciar el trabajo que realizamos? ¿Sabemos apreciar el trabajo de los demás? ¿Cuál es la relación entre trabajo y poder? ¿Cuál es, y cuál debe ser la relación entre trabajo y nivel de vida? Finalmente, y volviendo al principio: ¿Qué es el trabajo?

---

[1]   ILIN y SEGAL, *Cómo el hombre llegó a ser gigante*.

Transformación, trabajo y poder

Febrero 16, 1998

Aceptamos, de manera provisional y como otro paso para lograr una nueva conceptualización del trabajo, que hablamos de la capacidad del ser humano de transformar de manera consciente la naturaleza.

¿Por qué transforma el ser humano, nosotros, ¿por qué transformamos la naturaleza?? En primer lugar, sea dicho claramente, para sobrevivir. Pero de manera paralela en el ser humano, en el proceso de transformación de la naturaleza como mero acto de supervivencia, se desarrollan otros sentimientos, ¿qué nos motiva a trazar diferencias, a reclamar espacios, a excluir o tolerar?

Pareciera que junto con el trabajo, los seres humanos construimos la concepción de poder. Así como cierta posición originó el concepto de punto; así como una sombra o un mínimo recorrido en la llanura originó el concepto de recta, *quizá* la concepción de seguridad personal originó el concepto más primario de círculo. Más que la observación de un astro fue, quizá, la propia seguridad que generó el concepto de *rededor*. Trabajo, poder, seguridad, ¿geometría?, fueron conceptos que no serían difíciles de verse entremezclados en la génesis de la humanidad.

Trabajo, poder, conocimiento o ciencia. Parece un marco adecuado para efectuar análisis.

En el ámbito del trabajo humano, es decir, del trabajo, debemos considerar semejanzas y diferencias entre el trabajo retribuido y el que no lo es. Cuando un individuo no tiene empleo significa que el trabajo que realiza no es retribuido, o que se le coarta su natural disposición, en tanto que ser humano, de efectuarlo. Marx ha hecho profundos e interesantes análisis sobre el trabajo retribuido y su relación con el empleador, que en su momento retomaremos o citaremos. El meollo del asunto es que en el trabajo asalariado, el obrero poseedor de dicho bien, la capacidad de trabajo, intercambia su disposición de subordinarse a un determinado proceso de producción durante una jornada de trabajo a cambio del sustento necesario para mantener esa capacidad. Durante la jornada de trabajo el obrero deja de vivir su vida y vive la del proceso de producción al cual es asignado, al final de la jornada, el obrero vuelve a ser él mismo. El obrero, en tanto individuo deja de serlo durante la jornada de trabajo y vuelve a serlo cuando la termina. Esta descripción del trabajo que da Marx la llama el trabajo enajenado. Es un trabajo en que el producto del trabajo no pertenece a quien lo efectúa. A quien efectúa el trabajo se le da lo indispensable para que lo siga efectuando, pero no se le hace partícipe de la propiedad del producto de su trabajo. ¡He aquí un punto fundamental en la nueva conceptualización del trabajo! ¡Quien efectúa un trabajo debe participar en la propiedad de lo que produce!

Trabajo y capital

Febrero 18, 1998

¡Qué fácil es decirlo!: ¡Un punto fundamental en la nueva conceptualización del trabajo es que quien lo efectúa debe participar en la propiedad de lo que produce!

Antes de continuar aclaremos que ahora tratamos sobre sólo un aspecto, el trabajo asalariado, y sobre ello la cuestión es que el individuo no deje de ser en su jornada y vuelva a ser cuando la termina. El aspecto que tratamos, por el momento, es que en la jornada de trabajo el individuo sea él mismo, que no se abandone, que no rente su capacidad de trabajo, que no deje de ser él mismo cuando participa en una jornada laboral, el punto en cuestión es que el individuo se realice como tal en su jornada de trabajo. Afirmamos que un aliciente (un aliciente, por ello es que mencionamos el tema como un aspecto de la liberación del trabajo enajenado) será que quien realice una jornada de trabajo participe en la propiedad de lo que produce.

Sin embargo, a diferencia del trabajo realizado *motu propio*, fuera de la relación empleado—empleador, en la jornada laboral no sólo participa la capacidad de realizar trabajo, están los implementos o maquinaria en los cuales se aplica esa capacidad y que no son propiedad de quien las utiliza. Existe la inversión, además de las máquinas están los edificios y materias primas que son objeto de transformación. ¡Existe el capital! Desde el punto de vista del empleador podría rechazarse la participación en la propiedad del producto realizado durante la jornada laboral. "Son mis máquinas, yo compré la materia prima, es mío el edificio" diría el empleador y seguiría: "¿cómo vas a tener propiedad de algo que tu no pusiste" "¡Ah!" contesta el obrero, "Tu eres el propietario de los objetos con los que trabajo y el material que transformo, pero yo soy el dueño de la capacidad de trabajo". "Correcto" dirá el patrón, "por eso te pago para trabajar". "Es cierto, pagas para trabajar, pero no pagas **El Trabajo**". "Por supuesto" añadiría el patrón, "te pago para que vengas, dentro de un horario determinado, a transformar lo que pongo a tu disposición, se llama salario".

¿Qué sucede en el diálogo anterior? Sucede que el patrón reclama lo que se ha hecho costumbre desde que el trabajo pasó de ser servil a ser asalariado, que el propietario de los medios de producción intercambie con el obrero *libre* salarios por capacidad de transformar los medios puestos a su disposición durante una jornada de trabajo. Ésta es la concepción actual de relación entre trabajo asalariado y capital. Y respecto a esta relación es que proponemos un cambio, una evolución, una nueva conceptualización, un nuevo punto de vista que asuman tanto los propietarios del capital como los propietarios de la fuerza de trabajo.

Empleado y empleador

Febrero 19, 1998

¿Cuál es el nuevo punto de vista que deberían asumir tanto los propietarios del capital como los propietarios de la fuerza de trabajo? Pues que el capital no sólo está constituido sólo por los medios de producción, sino que el trabajo es componente del capital (es decir, que se considera, ahora, al trabajo como un medio de producción) y que el salario es sólo una parte (un adelanto) de las ganancias que obtendrán los inversionistas (los propietarios de medios de producción y del trabajo) al completar el ciclo natural de la producción: la venta del producto, con lo cual se abre un gran tema de análisis, a saber ¿cuál es el precio del producto? y otro, ¿qué parte del precio corresponde a cada componente del capital? Esta problemática se abordará en su momento, no es algo sencillo, requiere de cálculos desde nuevas concepciones de lo que constituye el nuevo valor de las mercancías.

Entramos en partes espinosas, son necesarias varias aclaraciones.

A la problemática planteada desde el principio de estos artículos hubo ya una respuesta histórica, fácil: es necesario el capital pero no son necesarios los capitalistas. La conclusión, que en una etapa de la historia pareció la correcta, es

13

que el capital debería ser propiedad social. Se expresó, lo anterior, como que los medios de producción pasaran de ser propiedad privada a ser propiedad social. No es mala idea (aunque incompleta, pues no se consideró al trabajo como medio de producción): si establecemos la propiedad social de los medios de producción, quedará garantizada la propiedad social de la producción (no es tan directo el silogismo, pero concedamos.) La realización de la idea fue desastrosa, en la concepción económica intervino la peor derivación de la actividad política: el poder.

¡Tiene tantas facetas el poder! Nadie cuestiona el poder que se alza contra un despotismo. ¡Nada más loable que el poder en contra de una opresión! Y nada más deleznable que el poder que, en nombre de los principios que lo realizaron como tal, se ejerza sobre quienes lo encumbraron.

Quizá, si logramos conceptualizar de manera adecuada el trabajo, y por ende el proceso de producción, y digamos, de clara manera, cómo han de relacionarse los componentes de los más diversos procesos de producción, podamos sentar bases efectivas para que el conjunto de los actuales seres humanos, desde su propia perspectiva, logren borrar la división entre capital y trabajo, y la propiedad del capital se vincule con la propagación del bienestar y la habilidad de realizar un trabajo con la búsqueda de un lugar en la sociedad.

Para ello, tanto empleados como empleadores tendrán otra concepción de lo que poseen y buscarán relacionarse de modo que además del propio beneficio se contemple otro más elevado: el de la sociedad.

Sabatina: Más sobre la enseñanza de las matemáticas

Febrero 20, 1998

En la *Sabatina* anterior faltó énfasis en decir que las matemáticas son ciencia útil, interesante y divertida. Respecto a su enseñanza, decir que la falta de preparación adecuada en matemáticas de maestras y maestros de educación básica genera angustia que desemboca en una situación tensa durante la clase de matemáticas y en una actitud autoritaria ante dudas planteadas por sus alumnos. Como resultado, generaciones de niñas y niños crecen en el rechazo a las matemáticas y, en general, al estudio de las ciencias, con la consecuente merma de **recursos humanos capaces de emplear tecnologías contemporáneas** indispensables en la efectiva planificación y realización de un equilibrado desarrollo económico. Mencionamos la urgencia de realizar una jornada de actualización en matemáticas para maestros de enseñanza básica que no debería restringirse a *ponerlos al día* respecto a cambios recientes en planes y programas de estudio sino en dotarlos de capacidad académica de enfrentar dichos cambios.

Insistimos en que es necesario avanzar hacia cómo será la educación matemática de los maestros de enseñanza básica y media en el próximo siglo. Al formar y actualizar maestros se les ha de enseñar de modo similar a como ellos enseñarán: explorando, emitiendo conjeturas y razonando.

Los maestros necesitan entender el desarrollo histórico y las aplicaciones actuales de las matemáticas. Más aún, deben estar familiarizados con el poder de la tecnología, deben incorporar el uso racional de las calculadoras.

En la formación y actualización de maestros es necesario hacer énfasis en las siguientes tendencias en la enseñanza de las matemáticas[2] .

a) Hacia verificar mediante lógica y evidencia matemática, en lugar de pensar que el maestro es la única autoridad para dar respuestas correctas;

b) Hacia el razonamiento matemático, en lugar de simplemente memorizar procedimientos;

c) Hacia la emisión de conjeturas, desarrollo de inventiva y solución de problemas, en lugar de insistir en buscar respuestas de manera mecánica;

d) Hacia relacionar y conectar las matemáticas, sus ideas y sus aplicaciones, en lugar de tratar las matemáticas como un cuerpo aislado de conceptos y procedimientos.

Todo proceso de actualización debe tener un inicio. La mejor manera de comenzar es tratando el tema de *Cómo plantear y resolver problemas*, con el estudio del famoso libro de

---

[2]   *Ver*: Billstein, Libeskind y Lott, *MATEMÁTICAS: Un enfoque de resolución de problemas para maestros de educación básica*.

GEORGE PÓLYA[3]. Conviene tener claridad sobre los temas siguientes: Exploración con patrones, Matemáticas y solución de problemas, y Uso de calculadora como herramienta para resolver problemas.

Nunca será vana la inversión en capacitar maestros de matemáticas. Los primeros beneficiados serán nuestras hijas e hijos. Con ellos, la sociedad.

---

[3]   Ver: PÓLYA, *Cómo plantear y resolver problemas.*

Digresión: Correctores y duendes

Febrero 23, 1998

Vale la pena detenerse y comentar sobre los correctores de texto y los llamados duendes que modifican palabras en artículos que cambian su sentido.

El producto de un medio impreso, ya sea un libro, una revista periódica o un diario, ha de pasar por etapas que van desde la producción del contenido por autores, analistas, reporteros, fotógrafos y formadores (por mencionar los principales).

Aunque disponemos de la todavía asombrosa tecnología del fax, el correo electrónico y la producción por computadora, hay quien presenta su material escrito en una máquina tradicional, ¡hay quien los presenta a mano, argumentando rechazo a todo tipo de tecnología! Respetable.

El riesgo es que el material presentado para publicación pasa por muchas manos, a veces quien mecanografía se equivoca (se le llama error de dedo), en otro paso alguien, supuestamente muy leído y escribido, *pule* el material quitando exceso de artículos, cambiando palabras repetidas, colocando acentos y, en general, mejorando el texto presentado. ¡Eso es bueno! Es bueno mejorar artículos, pulir redacciones y presentar de manera coherente ideas. En ese tenor, cuando a pesar de la meticulosidad en cuidar la calidad del producto final, del producto destinado a miles de lectores, se escapa un error o aparece un cambio que modifica el sentido, suele achacarse la falla a un travieso duende chocarrero que habita en las mesas de redacción de (en este caso) los diarios.

Aunque irrita al autor, se comprende cuán difícil es salir bien librado en un proceso donde intervienen tantas manos. Cuando el autor de una nota, artículo o reportaje lee modificaciones a su versión suele (¡duele!) achacar al famoso duende la travesura realizada.

En auxilio del atribulado autor (y de muchas otras personas) llegó la tecnología de la computación, aplicada no solamente a realizar complicadas cuentas. Hasta hace no muy poco se creyó que las computadoras sólo auxiliarían a procesos contables, financieros y de ingeniería. El desarrollo de la ciencia de la computación puso al alcance de otras disciplinas sus bondades, rápidamente se extendió el uso de computadoras al diseño, principalmente de ingeniería y, más adelante, al diseño de publicaciones.

La computación alcanzó a la oficina y hoy día vemos poderosas computadoras usadas como máquinas de escribir.

Una ventaja de escribir artículos para un diario en una computadora es que no hay que remecanografiarlos, se presenta el material en un disco y de ahí se incorpora al diseño de la publicación.

¿Por qué, entonces, siguen haciendo de las suyas los duendes? Creo que no son los duendes, sino correctores con exceso de energía quienes cambian, por ejemplo, el fino concepto de *rededor* para explicar la posibilidad de expresión humana del ámbito de seguridad personal, expresado en la columna del miércoles pasado, por el sustantivo de *roedor*.

¿Qué pensó el corrector? ¿Pensó que *rededor* no era palabra? ¡Concedamos!

Pero ¿qué le hizo pensar que la palabra para describir el ámbito personal de seguridad debía ser *roedor*? Eso, realmente, desconcierta.

Otro ejemplo, en la primera *Sabatina* sobre la enseñanza de las matemáticas, nuestro activo corrector decidió que sobraba la frase que, en mi humilde opinión de autor, era el motivo del artículo, a saber, que **la importante merma de recursos humanos capaces de emplear tecnologías contemporáneas** era producto de la actual crisis de la enseñanza de las matemáticas. ¿Cómo lo corriges? ¿Con un resumen semanal de erratas?

Quizá, y de seguro, sea mejor que los correctores no dejen pasar a los duendes (en buena onda).

Nosotros y el ambiente. ¿El medio ambiente y nosotros?

Febrero 24, 1998

Pareciera que los problemas del medio ambiente no nos tocaran en lo personal. Pareciera que cuando se habla de medio ambiente se trata de discursos de grupos ajenos a nuestros intereses inmediatos. Se habla de daños ecológicos causados por el libramiento norte en Valles Centrales, se habla de mortandad de camarones causados por empresas Salineras en el Istmo, se habla de la destrucción de las selvas de los Chimalapas, se habla de la desforestación de otras selvas y bosques, se nos habla de industrias que generan desechos peligrosos, se habla de que nosotros, los oaxaqueños, estamos al borde del desastre ecológico. Nosotros, con tanta riqueza... y tan lejana.

¿Cómo podemos, en lo personal, participar en solucionar tantos y tan complejos problemas? Entre tantas maneras de participación tenemos una principal: el manejo de la basura. Hasta hace no tantos años era una delicia, tanto para locales como para turistas, pueblear por Valles Centrales. Pasear por los caminos y llegar a una población, después a otra. Quizá visitar a conocidos, participar en una fiesta, de seguro llevar invitados y mostrarles la belleza cultural ¡y física! de los alrededores. Lo mismo sucedía cuando paseábamos orgullosos por la Costa, o camino a Huajuapan, o hacia Tuxtepec. Pero ¿qué sucede ahora? parece que la señal de acercarnos a un poblado es ver una montaña de pañales desechables. Son pocas, muy pocas las poblaciones que pueden estar orgullosas de su imagen de limpieza. No hay que ir lejos, caminemos por las afueras de la verde Antequera y veremos montones de basura.

¿Qué nos pasó?

¿Por qué no nos da vergüenza tirar una bolsa de plástico a la calle? ¿Por qué tiramos bolsas de basura en donde sea?

¿Cuándo perdimos el respeto por nosotros mismos?

Hay una respuesta fácil: el gobierno no provee los servicios de limpieza. ¡Sea pues! ¿Es entonces la vida de la sociedad producto de la voluntad del gobierno?

La cultura oaxaqueña no es de antier. Se trata de cultura milenaria, somos orgullosos (¿de a deveras que estamos orgullosos?) descendientes de pueblos con avanzados conocimientos científicos, con delicada concepción estética, con elaborada concepción arquitectónica. ¿Qué nos dio por tirar basura y enchochinarnos? La crisis económica, dirán. Es cierto, sufrimos una crisis en la economía de cada una de nuestras familias como hace tiempo no sentíamos. Pero ninguna crisis deberá socavar nuestra dignidad. Hemos de luchar contra la crisis económica y en contra de sus causas. Pero debemos saber combatir preservando dignidad y salud.

¡Evitemos que nuestras poblaciones se inunden de basura!

1968: ¡30 años después!

Febrero 25, 1998

Febrero de 1968. Hace 30 años en el DF, en la Ciudad de México, se vivía una atmósfera de cambio. El tema manejado desde hacía un par de años era el llamado conflicto generacional. En el mundo, por supuesto también en México, la juventud se sacudía de autoritarismos que señalaban su vida: padres, maestros y autoridades, de la censura, de la omnipotencia y omnisapiencia de gobierno e instituciones. En aquel entonces hasta el más ignorante agente de tránsito se revestía de la más digna autoridad empleando su peculiar lógica. Años después, a la manera incongruente de expresarse, se le llamó la *lógica del agente de tránsito*. Era la época en que se iba de traje a la universidad, o al menos de pantalón de casimir (no sobraba la corbata).

Era época en que en la UNAM se combatía a las Sociedades de Alumnos mangoneadas por las autoridades vía la violencia del MURO y se lograba ganar elecciones en casillas debidamente vigiladas.

De seguro fue en ese par de años anteriores a 1968, cuando por fin los estudiantes sufragaron sin temor, cuando lograron hacer valer la voluntad expresada en urnas, y en tormentosas sesiones de recuentos de votos se deshicieron del MURO, de seguro fue en esos años que se generó la jornada del 6 de julio de 1997.

Pero no fue lo único que se generó. Las expresiones de la llamada inconformidad generacional de aquellos años forjaron las mejores manifestaciones que hoy día proponen una nueva concepción del país tan amado y a veces tan, pero tan lejano.

En ese ambiente de búsqueda de libertad, de manifestaciones artísticas; de crítica y de propuestas, de auge literario y de producción científica; en ese ambiente crítico y festivo, de solidaridad con las causas justas (tú dirás: en solidaridad con el pueblo vietnamita que a la postre derrotó al invasor, o con la revolución cubana ahorcada por feroz bloqueo y víctima de agresiones del representante de sus enemigos (hoy día hay lecturas complementarias sobre el asunto)); en ese ambiente de sana expresión, el 26 de julio de 1968 fue reprimida, con saña nunca vista, una pacífica manifestación en apoyo a la Revolución Cubana.

Ante la emergencia, en escuelas y facultades del Poli y la UNAM, se convocó a sesionar a la instancia que les permitió enfrentar, por años, imposiciones autoritarias y ataques de grupos de golpeadores: La Asamblea General de Estudiantes.

Ya sabemos cuál fue la reacción del gobierno.

Pero entre la represión del 26 de julio de 1968 y la matanza del 2 de octubre de 1968, ocurrieron cosas: La expresión más despreciada y menospreciada por el gobierno se manifestó: la sociedad.

Capital y trabajo

Febrero 26, 1998

Un elemento principal para lograr esa conceptualización de trabajo tan anunciada en las exposiciones anteriores es la relación entre el individuo y sociedad. ¡Habrán notado la referencia recurrente a la sociedad!

A manera de resumen, tratando del trabajo asalariado afirmamos que quien trabaja debe participar en la propiedad del producto de su trabajo. También señalamos el papel indiscutible que en el proceso de producción tiene el capital. Al respecto Marx señalaba que veía la necesidad del capital en el proceso de producción pero no veía la necesidad de la existencia de los capitalistas. Tal afirmación se interpretó como que era necesario expropiar el capital y volver de propiedad social los medios de producción (la famosa y temida frase de la **abolición de la propiedad privada** se refería a que el capital (los medios de producción) no debería ser propiedad de unos cuantos, de ahí se infirió que debería ser de propiedad social y, en forzada conclusión, que los medios de producción, expropiados, pasaran a ser administrados por el Estado. La pasada experiencia histórica, mostró el error de tal concepción (ya sea por la concepción misma o por su realización)).

En efecto, el esquema de acumulación de capital (propiedad de los medios de producción) en unas cuantas manos, por un lado, y la explotación (que así se llama el pagar una jornada de trabajo sin participación en la propiedad de su producto) de masas propietarias sólo de fuerza de trabajo, por el otro, además de injusto, conduce a economías de crisis recurrentes, a construcción de invernaderos sociales (donde los que se supieron trepar sobre otros *disfrutan* de sus niveles de vida) y de basureros sociales formados por masa de desempleados, marginados, y población con el adquirido sentido de relación social de aprovecharse del más cercano, a veces del más querido, en donde delinquir parece mejor forma de vivir que trabajar. Este esquema divide a la sociedad, la enfrenta a su interior y rompe su pacto de solidaridad, divide y vence.

¿Cómo modificar el esquema con participación de todos sus componentes? Modifiquemos el concepto de trabajo. Modifiquemos la relación empleado–empleador. En lugar de expropiar el capital, participemos todos en su propiedad. Sabemos que una característica fundamental del capital es reproducirse. ¡Participemos en ella! De hecho debemos reproducir el capital, más aún si participamos en su propiedad. ¿Quién puede estar en contra? Es cuestión de hacer cuentas. Hoy día hay concepciones de vanguardia acerca de participar en empresas invirtiendo trabajo. Se requieren al menos dos cosas: manejo eficiente de los medios de producción y ejercicio capaz de la fuerza de trabajo.

1968: ¡30 años después!

Febrero 27, 1998

Mucho desconcertó la feroz represión de aquella manifestación con motivo del aniversario de la revolución cubana, sin embargo cosas así sucedían. Lo que salía del esquema era la participación desmedida de fuerzas policiales en un zafarrancho entre dos escuelas, por motivos nimios, ¿qué estaba sucediendo? A diferencia de la posición gubernamental de que se incubaba una gran conjura contra México!!! desde el lado estudiantil se percibió que se montaba una gran conjura contra México, desde el gobierno, y sucedió.

Hay mucho que contar, pasaron muchas cosas en ese periodo de julio a octubre de 1968, paralelo al despliegue represivo del gobierno hubo gran movilización social, pero la gran conjura contra México, ideada desde el gobierno, tuvo consecuencias que todavía hoy sufrimos. Un objetivo principal fue el desmantelamiento de la educación superior.

La UNAM y el POLI, de manera indiscutible, formaban los profesionistas de México. Y hablar de los profesionistas de México, formados desde los 20's o 30's hasta los 60's, era hablar de formación de personajes vanguardia en sus campos, con profunda formación humanista, de amplia cultura y pensamiento renacentista. Personajes generosos y arriesgados en sus concepciones. Formadores, difusores de ideas de avanzada y líderes de equipos conformados por sus estudiantes.

Después del 68, y hasta hace poco, fueron avanzando los administradores, que no la vanguardia, y una pastosa nata comenzó a dirigir.

Quienes detentaron el poder no pudieron substituir los cuadros que trataban desplazar. Para ello crearon monstruos de administración (si mi amigo no sabe, ¡que administre!) El ejemplo cundió. A lo largo y ancho del país florecieron maneras de administrar cosas en lugar de hacerlas. Hoy día vemos administradores por doquier (no es mala la administración, pero se necesita qué administrar). Hoy día todos quieren comerciar (¿quién produce?) ¡Tanto comercio! ¡Tanta administración! ¿Quién va a trabajar?

Se han trastocado los valores, más vale fingir que hacer. El daño está hecho. Hoy día fuera de muy pocas instituciones de educación pública, más aún, fuera de **algunas** escuelas del POLI y la UNAM, en muchas instituciones de educación superior, públicas y privadas, certificadas de excelencia, se cumple el rito de la connivencia: el maestro finge que enseña y el alumno finge que aprende. Nadie se mueva, no se hagan olas. La enseñanza dejó de ser aquel esfuerzo por formar mejores personas. El aprendizaje, ahora, se compara con el recuento de casillas electorales, carece de credibilidad.

Hubo daño. Las generaciones anteriores al 68, los jóvenes de los 60's, además de lo divulgado en prensa y sesudos análisis, participaban de una increíble pasión por el estudio. Las vanguardias de entonces se *achicopalaron* y los mediocres avanzaron. Esto fue parte del gran triunfo de la conjura contra México que llevó a cabo el gobierno. La gran, enorme, pregunta es: ¿Por qué lo hicieron?

El México contemporáneo, con su vigor, superados aquellos traumas, nos indican qué pudimos ser y hacer desde hace tiempo. Pero nunca es tarde y lo que no fue está siendo ahora. Quizá no como se pensó hace treinta años. De seguro los problemas son más complejos. La sociedad todavía deberá recompo-ner un muy interno pacto social, pero podemos avanzar. Podemos recomponer o simplemente construir y, quizá, decir: **¡Treinta años no es nada!**

PostData: Después de treinta años me sigo preguntando ¿por qué? ¿Por qué destruir ese México humanista, culto, cosmopolita, igualitario, que parecía nuestro destino? ¿Por qué ahora racistas, clasistas, incultos y excluyentes?

Sabatina: ¿Cómo actualizar en matemáticas?

Febrero 28, 1998

La tarea es enorme. Debemos pensar en tres aspectos, el primero es que la tarea de actualización se dirige a maestras y maestros en activo, no recién salidos de su etapa de formación y no muy duchos en adaptarse a nuevos planes y programas de estudio. El segundo punto es que son muchos y diseminados, no sólo en el caso Oaxaca, en territorios lejanos. El tercer punto es que los planes de actualización diseñados por la SEP no actualizan, sólo dan indicaciones de tipo metodológico, y procuran eficiencia en la administración de cursos.

En ningún caso constituyen, los planes de actualización para maestros diseñados en la SEP, un elemento que permita que los maestros de enseñanza básica estén dotados para enfrentar la inevitable evolución de planes y programas de estudio.

La gran falla es que los supuestos planes de actualización van un paso atrás, quieren enseñar a los maestros la manera de enseñar los nuevos planes y programas de estudio. Quienes imparten los cursos básicos y medios de matemáticas mejor harían en participar en un plan de actualización de largo plazo que los dotara de dominio de un material que les permitiera enfrentar dichos cambios.

Siempre fracasará la *puesta al día* de los maestros. Sin embargo, si se pusiera en práctica un ambicioso plan para dotar a los maestros de capacidad de comprender no sólo el material que deban enseñar, sino que se les capacitara, realmente, como maestros, con cierto nivel de conocimientos que realmente manejaran, y que disminuyeran su angustia al enfrentarse a niñas y niños deseosos de aprender y de manifestar dudas y de plantear multitud de preguntas, si los maestros y maestras fueran capacitados para dirigir discusiones y resolver dudas, seguramente tendríamos generaciones proclives al estudio de las ciencias.

No hablemos mal de las maestras y maestros dedicados a la enseñanza básica. Quien conozca la problemática de la enseñanza básica ha de comprender el grado de entrega y vocación que seguramente tiene quien se entrega a tan noble tarea.

De ninguna manera se piensa que son los maestros de enseñanza básica los responsables del odio que sienten las niñas y niños por las matemáticas y, en general, por la ciencia. La responsabilidad recae en quien tiene obligación de dotarlos de los procesos de actualización.

¿Cómo efectuar un real proceso de actualización en matemáticas de los maestros de enseñanza básica (e incluyamos a los de enseñanza media) en activo?[4]

Aunque es necesario un plan estatal (¿nacional?) de actualización en matemáticas de maestros de enseñanza básica, no pensamos que deba ser pensado y ejecutado de una vez. Hay que aprender, no se puede pasar de la nada al todo. Por

---

[4]   *Ver*: López Mateos y col., *Formación y actualización en matemáticas de los maestros de educación básica.*

ello proponemos un plan piloto de dos semanas, para sopesar aciertos y carencias.

Habría que usar como medio principal la televisión[5]. Los cursos en persona realizados en localidades importantes exigirían absurdos viajes de los maestros interesados. Los programas de televisión podrían, incluso, grabarse y ser material de consulta posterior. Se dispondría de material escrito que los participantes contestarían, enviaran y se les regresara corregido. Es una prueba que debemos realizar. **¡La cuestión no es política, es académica!**

---

[5]   Hoy día el autor tiene propuestas basadas en Internet

Habilidades y conocimiento

Marzo 9, 1998

Hemos argumentado que una buena dirección para evolucionar el concepto de trabajo requiere que quien trabaje participe en la propiedad del producto del trabajo, y que para aplicar dicho concepto se requiere del consentimiento tanto de los propietarios de los medios de producción como de los propietarios de la fuerza de trabajo. ¡Se trata de una nueva manera de concebir la producción y de beneficiarse en el proceso!

Dijimos que era cuestión de hacer cuentas. Ambos participantes en el proceso de producción deben hacer cuentas, debemos encontrar el punto de mutuo beneficio. La postura equitativa es: el propietario de los medios de producción espera obtener una ganancia de su inversión y el propietario de la fuerza de trabajo espera obtener una ganancia de su inversión.

Ya aclaramos que el salario percibido por el trabajador es sólo una parte, la indispensable para vivir, de lo que le corresponde. Es evidente que el propietario de los medios de producción nunca se conformaría con que el producto de la venta de las mercancías le alcance sólo para dar mantenimiento a la maquinaria, ¡no!, espera una ganancia, un extra, espera recuperar su inversión y obtener más: la ganancia. La otra parte, el trabajador, debe aspirar a lo mismo.

Que quede claro, no estamos hablando en contra del trabajo, pero sí del trabajo sólo para vivir. Es legítimo que cada participante en el proceso de producción aspire a un cierto confort, a ver que con su trabajo puede lograr realización personal. ¿Cómo es posible que el trabajador participe de las ganancias?

Aunque ya advertí que las respuestas a multitud de cuestiones aquí planteadas serán el resultado de varios y diversos análisis, podemos ilustrar los planteamientos con ejemplos conocidos.

Quizás el ejemplo más conocido de participación en la propiedad del producto del trabajo sean las regalías (porcentaje sobre las ventas) que obtiene el autor de un libro. La cosa funciona así: alguien que escribe un libro, se llama el autor, recibe un adelanto por parte de la editorial que lo publicará, esto podría ser la parte comparable al salario: un dinerito que le sirve para irla pasando; el libro sale a la venta, de cada ejemplar vendido le corresponde al autor un porcentaje sobre el precio de venta (varía entre el 20 % y el 30 %). La cantidad en regalías dependerá de si se venden muchos ejemplares, y rápido, o si el libro se va vendiendo de a poco pero de manera constante.

La pregunta planteada, acerca de la participación en la propiedad del producto del trabajo, se podría resumir en ¿Cómo hacer para que los trabajadores obtengan *regalías* del producto de su trabajo?

Dictadura y economía

Marzo 10, 1998

La idea de obtener *regalías* del producto del trabajo es buena, sin embargo para hacerlo posible el trabajo también debe ser de buena calidad y el producto tendrá que ser una mercancía que se realice en el mercado, que se venda.

Aquí entramos en crisis con un aspecto del actual modelo de producción de mercancías: un mal producto con buena publicidad se vende. Un buen producto con mala mercadotecnia no se vende. Y digo un aspecto porque conforme el mercado se satura y las mercancías deben pelear entre sí por clientes, ya no sólo vende la publicidad sino que debe acompañarla ¡oh sorpresa! *la calidad*. Interviene ahora la geografía económica, hay zonas del planeta en que se venden los desechos de otras zonas. Hay zonas formadas por clientes cautivos de empresas que además de altamente contaminantes, producen artículos de mala calidad, caros y ¡feos!

A ese tipo de empresas no le interesa mejorar su productividad ni permitirán que los trabajadores participen en la propiedad de su trabajo, más bien pagarán los menores salarios posibles con alta explotación de la fuerza de trabajo, esas zonas son de sociedades oprimidas, donde las luchas populares ni siquiera plantean mejoras estratégicas en la economía sino luchan por sacudirse de una dictadura. Con frecuencia se ha confundido (o se les ha atribuido) a ese tipo de luchas libertarias en contra de una opresión dictatorial con movimientos que plantean nuevos esquemas de tipo económico La cuestión viene al caso por tres observaciones, primera Muchas veces parece suficiente a una sociedad oprimida librarse del opresor y entrar en una práctica económica basada en el *libre* intercambio de salario por fuerza de trabajo, segunda: Junto con la liberación de la sociedad oprimida se proponen esquemas colectivizadores de la economía, los trabajadores obtienen su ganancia adicional al salario mediante prestaciones sociales que por un buen tiempo sirven como plan de emergencia en zona de desastre, se ponen en marcha políticas equitativas sobre todo en los sectores de salud y educación, las heridas provocadas por la dictadura empiezan a sanar y la sociedad aspira a participar más en la economía, la colectivización se vuelve paternalismo y empieza a quedar chica, la sociedad magnifica el concepto de empresa privada y más que trabajadores con participación justa, piensan en ser, todos, empresarios. La tercera observación todavía es utopía: Quizá en las sociedades marginadas, o en las recién salidas de luchas antidictatoriales sea posible iniciar, aunque de manera elemental, la producción con efectiva participación en la propiedad del producto del trabajo.

Pero en donde es más fácil poner en práctica la concepción evolucionada de trabajo es en la empresa desarrollada.

Concesión y expropiación

Marzo 11, 1998

La digresión sobre dictaduras y economía ilustró tres maneras, dos históricas y una utópica, de evolución económica
de una sociedad recién sacudida de una dictadura. Hay, sin
embargo, sociedades actualmente marginadas para las cuales
es posible evolucionar su economía según el nuevo concepto
de trabajo, me refiero a las sociedades donde está arraigado
el concepto de *disfrute colectivo de recursos*. En esas sociedades
es común la práctica de concesionar la explotación de sus recursos: una empresa de poderoso capital (y a veces no tanto)
explota recursos de una comunidad y, ¡en pago!, ¡¡da trabajo!!
retribuyendo salarios, aunque mayores que los obtenidos en
la región, sin participación de la comunidad, o de los mismos
trabajadores en la propiedad de la producción.

Pagar con la oportunidad de percibir un salario a cambio
de explotar recursos de una comunidad me parece la forma
más burda de la anticuada relación empleador—empleado
y, por supuesto, fácil de ser superada mediante la aplicación
del nuevo concepto de trabajo. Es más, en la concesión de
explotación de recursos puede darse, de manera más clara,
la participación de la sociedad en el trabajo y sus beneficios.

El ejemplo más escandaloso de cómo una buena posibilidad de participar en el desarrollo económico (y aplicar una

novedosa concepción de participación con la propiedad de la tierra y del trabajo) se vuelve en despojo de bienes de una comunidad y arrojo a la marginalidad de una población, es el desarrollo turístico de bahías de Huatulco.

Las condiciones para desarrollo turístico en las bahías de Huatulco calificaron con el número uno en el país, seguido de Cancún y Los Cabos. En el tiempo de aquellos análisis se dio preferencia al desarrollo de Cancún pues la infraestructura para Huatulco era casi nula. Finalmente se dio el gran paso de hacer de Huatulco, además de un centro turístico de primera categoría, una alternativa de gran desarrollo urbano. ¡Buen proyecto! Pero ¿por qué había que despojar a los propietarios de su tierra? ¿Qué no pudieron participar como inversionistas, en tanto que propietarios? ¡Es que no tenían dinero!, se comentó, pero a quien se dotó de tierra ¡tampoco lo tenían!, lo obtuvieron prestado. Finalmente, no era de pretenderse que las comunidades propietarias de las tierras fueran también los inversionistas y propietarios de los hoteles de gran turismo, sino que participaran, en la medida de su inversión, en este caso la propiedad de la tierra, en los beneficios y responsabilidades de este gran proyecto.

Sucedió que no se aplicó el nuevo concepto de trabajo.

Marginalidad y desarrollo

Marzo 12, 1998

Paradójicamente, es en algunas sociedades marginadas y en empresas desarrolladas en donde es más fácil poner en práctica el nuevo concepto de trabajo que consiste, básicamente, en que quien trabaja participe de la propiedad del producto del trabajo. Ya lo dijimos, a manera de ilustración, como el autor participa de las regalías por la venta de su obra.

Las sociedades marginadas donde sea posible realizar un pacto social que permita *disfrutar de manera colectiva* los recursos, y con pacto social me refiero a que dicho disfrute colectivo sea parte de su cultura, no un afán de colectivización, son proclives a comprender la participación en trabajo y ganancias, no sólo en la explotación de recursos sino en empresa con medios de producción ajenos.

En empresas desarrolladas, sobre todo en países altamente industrializados, en ramas que requieren de alto nivel de creatividad y responsabilidad en la producción, ya se comienza a dar el fenómeno de hacer participar a los trabajadores en la propiedad de la empresa mediante asignación de acciones. No por hacer participar a los trabajadores en la propiedad de la empresa ésta disminuye sus ganancias o deja de ser atractiva para otros inversionistas de capital.

Al tratar la problemática que nos ocupa debemos plantear los problemas del empleador, que no sólo los del empleado.

No es tan fácil ser empleador, sobre todo si se trata de un emprendedor, alguien con buenas ideas y poco dinero.

Asomémonos al otro lado de la moneda. Se organiza el proceso de producción, a duras penas cumple con salario y prestaciones, y con una pequeña planta de empleados poco capaces y sin cultura de responsabilidad con el trabajo, pronto ve rebasadas sus fechas de cumplimiento de producción, la mercancía no sale al mercado, se coloca en insolvencia, los empleados lo demandan, quiebra, y... fin del proyecto. Lo que pudo ser alternativa de vida para un grupo de personas, resulta frustrante.

Esta descripción es la de no pocos casos. Ilustra un elemento fundamental: la responsabilidad ante el trabajo. No basta con pretender participar en el producto del trabajo, ¡tiene que haber producto!, y debe ser bueno, y ¡se tiene que vender! Pretender compartir la propiedad del producto obliga a compartir la responsabilidad de la producción. El propietario de los medios de producción, ya lo dijimos aquí hace poco, debe ser eficiente en el manejo de los medios de producción, y el trabajador debe ser capaz y eficiente en el desarrollo de su labor.

Comete un error el propietario de los medios de producción al no querer hacer partícipe al trabajador de la propiedad del producto del trabajo, y comete un error el trabajador al pretender propiedad de un producto no realizable como mercancía. (Ni tú, ni yo. García Lorca.)

¿Agua en la Luna?

Marzo 13, 1998

A finales de la semana pasada nos despertamos con una noticia que de ser realidad cambiará, de seguro, el rumbo de la investigación espacial: ¡Se encontró agua en la Luna!

En realidad la noticia fue que la sonda en órbita alrededor de la Luna detectó algunos copos de hielo en el fondo de sombríos cráteres. Sin embargo voces autorizadas aseguraron que de ahí se podría inferir la existencia de abastecimiento de agua, para modestas colonias terrícolas, suficiente para varios siglos. También se dijo que la cantidad de hidrógeno en la Luna permitiría reabastecer de combustible a expediciones a sitios más lejanos.

¡Suena bien! como expectativa de exploración. Imagínense, quizás el más grande obstáculo para establecer una colonia en la Luna es el abastecimiento de agua, pero ahora parece que hay suficiente, para varios siglos, para una modesta colonia.

Mi preocupación es acerca de cuántos siglos durará el abastecimiento de agua en el planeta Tierra para la modesta colonia que lo habita, llamada los seres humanos; pero me equivoco, porque no sólo los seres humanos consumimos agua en este planeta. ¿Cuánto tiempo durará el abastecimiento de agua en el planeta Tierra para la modesta colonia que lo habita, llamados seres vivos?

Ya se hacen cálculos acerca del volumen de agua disponible en la Luna, también preocupa la manera en que se derretirán los glaciares que, al parecer, hay en Marte y poder así generar una atmósfera (como en la película).

Me gustaría saber cómo van los cálculos para rehabilitar el agua contaminada en el planeta Tierra, y no sólo el agua, recordemos que hace unos años el planeta fue considerado en peligro de extinción, e ilustrado con una envoltura de plástico en lugar de atmósfera. La mala noticia es que para rehabilitar el agua contaminada y para detener el deterioro del planeta no bastan los cálculos, es necesaria la acción de quienes nos llamamos seres conscientes.

Ya se sabe de la gran responsabilidad que pesa sobre industrias y gobiernos. También sabemos de acuerdos signados: la agenda 21, la Cumbre de la Tierra, entre otros. Hay responsabilidades y son, quizá, los grupos económicos y políticos más poderosos quienes llevan las mayores. Multitud de organizaciones civiles en todo el mundo tratan de oponerse a la soberbia actitud de indiferencia de los modernos predadores del planeta. Sin embargo, preocupa la falta de consciencia individual. ¿Qué nos toca hacer? De seguro hay una tarea de nuestra incumbencia: aprender a manejar nuestros desperdicios.

Debemos dejar de generar basura.

Aunque haya agua en la Luna.

¿Evolución de conceptos?

Marzo 23, 1998

Los planteamientos sobre el nuevo concepto del trabajo han generado buen número de comentarios. Tanto en empleados como en empleadores surge la pregunta: ¿cómo hacerlo? ¿cómo, por un lado (desde el empleador), hacer partícipe al trabajador de la propiedad de su trabajo, sin quebrar en el intento?, y, por el otro, ¿cómo va a ser posible comenzar a ganar más que el salario recibido, cómo sin trabajar más?

Evidentemente se requiere de formalizar lo que significa este tan llevado y traído nuevo concepto del trabajo. Hay, como ya mencionamos, un par de cosas evidentes: El empleador debe contar con un proceso de producción eficiente, debe aspirar a lograr calidad y competitividad del producto, y el empleado debe participar en el proceso de producción con la misma actitud del propietario de los medios. Esto debe ser claro. Deberá explicarse de manera satisfactoria en un análisis profundo. Por ahora empleamos un lenguaje informal y, admitamos, un poco confuso. Por un lado distinguimos entre el propietario de los medios de producción, y, por otro, decimos que el trabajo es, también, un medio de producción. Conforme avancemos se irán aclarando actores, papeles, conceptos y relaciones. No sólo eso sino lo principal: las operaciones que despejarán, tanto cuantitativa como cualitativamente, de manera satisfactoria, los aportes de cada participante.

También hemos recibido comentarios acerca de la inutilidad o imposibilidad de construir un nuevo concepto de trabajo. "El trabajo es como es —me dicen— tú trabaja yo te pago y se acabó".

Debo señalar la importancia de avanzar en el concepto de trabajo. Recordemos: Hubo concepciones que hacían de la Tierra el centro del universo; después se pensó que era el Sol; ahora tenemos una concepción de Universo como producto de una explosión, se expande y no sabemos si continuará así o en un momento dado comenzará a contraerse. Hay varias concepciones. Asimismo se pensó, al poder calcular con precisión el movimiento del Sol y de sus planetas, que todo estaba dicho respecto al estudio del movimiento de los cuerpos, concepción que vio sus limitaciones al no poder resolver el famoso problema de los tres cuerpos. Sucedió algo parecido con los conceptos de espacio y tiempo. Vemos, en fin, cómo evolucionan los conceptos que describen el mundo físico que nos rodea.

¿Qué sucede con el concepto del trabajo? Por lo visto el concepto de intercambio de fuerza de trabajo por salario resulta obsoleto. Hemos llegado al callejón sin salida aparente de las crisis macroeconómicas. ¿No será que la economía se habrá vuelto ciencia vieja, y requiere del fresco baño de nuevos conceptos? ¿No será que debemos buscar una nueva concepción del trabajo?

Horizontal y vertical

Marzo 24, 1998

Otros comentarios critican el método de exposición empleado en esta columna: "Déjate de andar por las ramas y llega al punto".

Vale la pena mencionar la diferencia entre el método de investigación y el de exposición. Cuando, como es el caso, perseguimos una nueva conceptualización sucede que se realizan intervenciones como si *se pensara en voz alta*; uno va soltando las ideas, va esbozando relaciones, emite conjeturas, somete a prueba las afirmaciones, va ordenando y priorizando, va arreglando a los actores, piensa en las posibles hipótesis (en tanto eso, plausibles), sopesa las conclusiones deseadas y analiza su factibilidad, las modifica y adecua (¿se dice adecua o adecúa?), dentro de su tren de pensamiento, a otras que parezcan demostrables. En fin, es el proceso de creación. Otra cosa es cuando la obra está terminada. Se enuncian las hipótesis, se exhibe su pertinencia, y se deduce, lógicamente, la conclusión, que ahora tendrá carácter de ley o principio indiscutible.

Las ideas expresadas en esta columna son parte de un esfuerzo por lograr una nueva conceptualización del trabajo; es, repito, un esfuerzo realizado públicamente, estoy *pensando en voz alta* frente a todos ustedes, los lectores. Si el nuevo concepto del trabajo que tengo en mente estuviera completo, redondo, acabado (finalizado), en lugar de todos los días tomarse la molestia de leer qué hay de nuevo, podrían asomarse a un voluminoso (¿sería voluminoso o llegaría sólo a folleto?) y pomposamente encuadernado tomo que sería el nuevo manual de El Trabajo. Se sabe que en el proceso de investigación hay muchos cabos sueltos. La investigación terminada es ya una sólida exposición.

Lo anterior viene al caso porque estamos acostumbrados a tener un referente de verdad. Puede ser una teoría ya demostrada, o una cierta ideología. Si hablamos de teorías demostradas, sobre todo en el ámbito del mundo físico, la cosa es sencilla; nos remitimos a la ley adecuada y verificamos si nuestra conjetura se cumple o no.

Es mucho más complicado cuando de ideología se trata. En vez de conocimiento, la ideología es creencia. Quienes participan de ideologías no se relacionan con otros seres humanos mediante un intercambio de opiniones, sino de comparación del pensamiento ajeno con una idea preconcebida.

La relación entre seres humanos, en lugar de darse en base al escrutinio mutuo de las ideas, se remite a buscar un posible encaje de puntos de vista ajenos en ciertos esquemas, e incluso hasta en textos conocidos.

En lugar de horizontal, la relación entre seres humanos queda mediada por un referente superior: un texto escrito, una creencia, el gusto de un jefe o el pensamiento de un líder.

Desperdicio y basura

Marzo 25, 1998

Ya dijimos que hay una tarea de nuestra incumbencia: aprender a manejar nuestros desperdicios. Debemos dejar de generar basura.

Una manera de calificar nuestra calidad de vida es la forma en que disponemos de nuestros desperdicios.

Nuestros desperdicios son una cosa y otra es que los convirtamos en una cochinada. Comencemos por el lugar que en nuestra casa le llamamos el lugar de la basura. Usualmente es un bote mal oliente.

¿Quién dice que deba estar sucio el lugar donde depositamos la basura? ¿Qué es basura? ¿Cómo es que hacemos de nuestros desperdicios una masacota mal oliente, fuente de infecciones?

Está claro que, producto de la vida cotidiana, generemos desperdicios: el papel del baño que no echamos al drenaje, la cáscara de sandía, el periódico de ayer, la botella vacía, el envase de leche, los trozos de compra que no usamos al cocinar, los desperdicios de comida, un papel aquí, una bolsa allá, una caja, las tripas del pollo, y más, mucho más. Todo ello lo echamos en una bolsa y lo tiramos a la basura. ¿A la basura?, pocos van a un tiradero o interceptan al camión recogedor; muchos simplemente avientan la bolsa en el camino al trabajo, o en el río cercano, o atrás del patio. ¿Qué sucede? Convertimos nuestros desperdicios en cochinada.

La pregunta es ¿qué hacer con los desperdicios?

Veamos: Los desperdicios orgánicos como las hojas de lechuga que no comemos, las hojas de los rábanos, las tripas del pollo, las cáscaras de huevo, de naranja, e incluso nuestras heces fecales, son ricas en nutrientes que deberían devolverse a la tierra para mantener su fertilidad. Claro, a nadie se le ocurre tirar lo anteriormente mencionado en el patio trasero para refertilizar el planeta. Sólo obtendría peste y nubes de moscas. Pero esos desperdicios son, en realidad, nutrientes que deben devolverse al suelo. En el campo se pueden cavar hoyos donde ir depositando, **exclusivamente**, desechos orgánicos, cubriéndolos con algo de tierra; al cabo de unos meses, en ese lugar se dispondrá del mejor abono. En áreas urbanas debería haber este tipo de *compostas*, que así se llaman, por barrio, sin confundir la composta con tiradero. Realmente, sólo debiéramos tirar en el carro de la basura papel y plástico, separado (y eso porque tratarlo requiere de un esfuerzo adicional, por ahora manejemos de manera adecuada los desperdicios orgánicos).

Pensemos en la gran cantidad de nutrientes que en lugar de regresarlos al suelo, al mezclarlos con plásticos generamos tóxicos.

¿Cómo debemos comenzar?

No tiremos con asco nuestros desperdicios. Debemos separarlos y usarlos. Es en nuestro beneficio.

¡Agua!

Marzo 26, 1998

El pasado viernes 20 de marzo tuvo lugar en la ciudad de Oaxaca el antiguo rito propiciatorio del agua. Se ofreció, se tomó.

¡Agua!, ¡agua!, cómo extrañamos el agua. Todavía sentimos la severidad del estiaje. Nuestras siembras extrañan el agua, nuestros bosques y nuestras selvas extrañan el agua. Por causas naturales (vidrio transformado en lupa y rayo de sol en chispa, y pastizal en horno), o por imprudencia (un cigarro, un cerillo, una braza), o por maldad, nuestros bosques y selvas se incendian. La sequía transforma la exuberancia en miseria. En la grandiosa selva del Amazonas, en este momento, el fuego arrasa superficies del tamaño de países.

¿Dónde está el agua? ¿Dónde está el abrevadero del planeta? ¿Dónde van a calmar la sed bosques y selvas, pastos, siembras y ciudades?

Estamos acostumbrados a que el agua existe, sin más, el agua existe y basta abrir una llave y tenerla. Pareciera que el agua está ahí, a nuestra disposición, como parece que está la luz eléctrica en la ciudad, o el taxi en la esquina, o el camino para ir. Entendemos cuando no hay cierta fruta pues no es temporada, pero no se nos ocurriría pensar que no es temporada de luz eléctrica, debemos tenerla. Y así pensamos del agua, siempre deberíamos tenerla.

Sabemos que la energía eléctrica que consumimos la produce el ser humano (más nos valdría saber que se produce por medio de agua), pero ¿cómo se produce el agua?

El agua es vapor precipitado desde la atmósfera del planeta, mismo vapor que se genera del agua calentada por el Sol. ¿De dónde sale el agua que calienta el Sol para evaporarla y después se precipite como lluvia y tengamos agua? Fácil, la mayor parte de ese compuesto químico formado por dos moléculas de hidrógeno y una de oxigeno, llamada H_2O por unos y agua por nosotros, es despedida por las plantas durante el día, y absorbida durante la noche. Cuando por causas naturales o por intervención del famoso ser consciente (llamado, en equidad, ser humano) se disminuye la mancha de vegetación en el planeta (aunado con hoyos en la capa de ozono, que habría que averiguar sus causas), se disminuye la capacidad de generación de agua.

La humanidad, y todos los demás seres vivos que habitan este planeta, tienen ante sí un gran problema: **es necesario producir agua**.

Claro, me dirán que es responsabilidad del gobierno, pero ¿es que nuestra vida es un acto de gobierno? El gobierno tiene su responsabilidad y, en su oportunidad, le será demandada (como lo señala su protesta). ¿Mientras tanto qué? Actuemos: Realicemos una labor intensiva de reforestación. Sembremos árboles y cuidemos que crezcan.

Oaxaca y el chocolate

Marzo 27, 1998

El estado de Oaxaca tiene, sin duda, los elementos para convertirse en un centro internacional de las ciencias y las artes. Es ya sabido que el turismo que nos visita tiene una señalada afición por la cultura. También sabemos que, además de la riqueza generada por la industria de derivados del petróleo (que ni nos toca), es el turismo quien efectúa una importante derrama económica de beneficio a la población.

Debemos estar conscientes, los oaxaqueños, que no son las playas el único punto de atractivo turístico. Claro, las playas del Pacífico oaxaqueño son de gran belleza, nadie lo niega, más bien lo celebramos. Pero, insisto, no son el único punto de atractivo turístico. Oaxaca tiene muchos más puntos de interés: Sus culturas, ciudades y pueblos.

Pero no es sólo eso, Oaxaca ofrece diversos modos de vida, casi todos referidos a sus añejas culturas. Oaxaca podría ofrecer, como atractivo, una manera de estar, de estudiar, de convivir, de participar. En particular, la ciudad de Oaxaca debería ofrecer un remanso propicio a la investigación y creación artística y científica. Sus condiciones son para que los campus de sus instituciones educativas de nivel superior fueran de gran atractivo para la comunidad internacional de estudiosos. ¡Qué mejor manera de preservar nuestra herencia cultural que hacer efectiva la condición de *patrimonio de la humanidad* mediante la participación entre nosotros de lo mejor del pensamiento humano!

Pero, para ello, necesitamos realizar no pocos esfuerzos. El primero, refiriéndonos, por ahora, a la ciudad de Oaxaca, tiene que ver con la condición que tiene esta ciudad. Debemos reconocerlo, el atractivo de la ciudad se reduce a unas cuantas cuadras alrededor del centro y del convento de Santo Domingo. Incluso ahí resulta escandaloso el nivel de contaminación. El centro turístico, o histórico (según el eufemismo), es un lugar de paso vial. No es un lugar al que se llega para estar ahí. Está cruzado por vías que transitan quienes vamos de un lugar a otro de la ciudad. La primera condición de rehabilitación de la ciudad de Oaxaca es que cada lugar digno de admiración deje de ser una vía de paso. Todo el llamado Centro histórico debería cerrarse al tránsito vehicular.

Pero ése no es el mayor problema, el gran problema es que ya no es ciudad sino que está conformada por círculos concéntricos de cinturones de miseria. En lugar de planear su crecimiento, las ocupaciones de tierra se han tolerado de manera clientelar, llegando al colmo de invadir uno de los centros ceremoniales más importantes de la humanidad: Monte Albán.

¿Somos tan ciegos? ¿Somos tan apáticos o impotentes?

¿Vamos a permitir que una de nuestras grandes riquezas, la ciudad de Oaxaca, se desmorone como pan en chocolate?

Sabatina: Razonamiento inductivo

Marzo 28, 1998

Los científicos hacen observaciones y proponen leyes generales basados en observaciones y patrones. Los estudiosos de la estadística usan patrones cuando llegan a conclusiones basados en datos recolectados. Este proceso es el **razonamiento inductivo**, es el método de hacer generalizaciones basados en observaciones y patrones. Aunque el razonamiento inductivo puede conducir a descubrimientos, su debilidad consiste en que las conclusiones se obtienen sólo de las evidencias recolectadas. Si no se han verificado todos los casos existe la posibilidad de que, en algún otro caso, la conclusión obtenida sea falsa. El razonamiento inductivo nos puede conducir a una **conjetura** una proposición que se piensa es verdadera pero que no se ha demostrado si, en efecto, es verdadera o es falsa. Por ejemplo, basados únicamente en que $0^2 = 0$ y que $1^2 = 1$, podríamos emitir la conjetura de que cualquier número elevado al cuadrado es igual a él mismo. Cuando hallamos un ejemplo que contradice la conjetura, hemos proporcionado un **contraejemplo**. Para mostrar que la conjetura anterior no es verdadera, es suficiente exhibir al menos un contraejemplo, digamos $2^2 = 4$. A veces es difícil hallar un contraejemplo, pero el hecho de no poder hallar un contraejemplo no significa que la conjetura sea verdadera.

PROBLEMA Supongamos que en un torneo de ajedrez participan 6 jugadores (dos hombres y cuatro mujeres), cada uno debe jugar una partida contra cada uno de los otros participantes. Encontrar el número de partidas que se juegan.

Explorar Analizar la situación. Buscar alguna figura que ayude a pensar.

Discutir ¿Vemos algún patrón que muestre el número de partidas dependiendo del número de jugadores? ¿Qué indica el patrón para 3 personas, y para 4 personas, y para más personas?

Cuando descubran un patrón que parece funcionar, hay que probarlo en varios casos. Si el patrón funciona para esos casos podríamos concluir que funcionará para todos los casos Esto es razonamiento inductivo: Ver que un patrón funciona en varios casos nos invita a emitir una conjetura.

Emitir una conjetura significa que imaginamos, que pensamos que nuestra propuesta soluciona el problema. Hay, sin embargo, probar que es así.

Envíen la solución al problema. Se publicará la primera solución correcta que se reciba.

¿Nos alcanzó el futuro?

Junio 1, 1998

Las últimas semanas vivimos una crisis ambiental sin precedentes. La ciudad de Oaxaca quedó envuelta en una espesa bruma. Varias actividades fueron perturbadas, la más notoria fue el tráfico aéreo. La población todavía resiente molestias y daños en vías respiratorias y el paisaje dejó de ser de las regiones más transparentes del aire (halago de CARLOS FUENTES al Valle de México) y Oaxaca, de Verde, se transformó en Imeca Antequera, con índices que los rumores sitúan por arriba de los 200 puntos.

Durante días vivimos uno de los futuros posibles de la ciudad capital del estado de Oaxaca.

Para los habitantes de Valles Centrales la conocida *calina* se fue espesando y comenzó a formarse una capa gris, obscura, que impedía la visión de cerros cercanos e incluso de cúpulas y de finales de calles. El sol dejó de deslumbrar por la mañana, se transformó en una pálida bola entre anaranjada y amarillenta pintada de gris, finalmente desapareció, percibida su presencia detrás de una mancha menos obscura en el cielo. Los turistas provenientes del DF veían las cosas normales, nada había que les pareciera fuera de lugar, e incluso se sorprendían de que la falta de visibilidad fuera motivo de comentario.

¿A qué se debió la situación de crisis ambiental?, ¿qué originó la bruma?, ¿fue algo insólito, o va a formar parte de nuestro clima y paisaje?, ¿podemos impedirlo?

Las preguntas anteriores son expresión típica de reacción inmediata ante situaciones no previstas, es decir, ante fenómenos cuya presencia resulta inesperada y sorprendente. De repente nos alcanza un futuro no deseado, pero lo futuros no se dan porque sí, se construyen.

Si lo sucedido, además de molestarnos, nos sorprende, bien haríamos en preguntarnos qué cosa esperábamos.

Quizá para esta época nos gustaría celebrar cómo se va acortando, con el transcurso de los años, la temporada de estiaje, las primeras lluvias coinciden, casi, con la llegada de la primavera, el suelo de Valles Centrales, nunca del todo seco, renueva su fertilidad, el verde severo de los cerros se da paso al verde tierno del retoño, y el cauce del Atoyac reparte, generoso, las aguas captadas en sierras lejanas, su paso por Oaxaca es observado por los inmensos árboles de su ribera. La ciudad de Oaxaca florece una vez más, multitud de colores se mezclan en la vegetación de sus calles y avenidas, en sus parques y jardines. Sus alrededores, pues ha crecido, tienen el apacible ambiente del trazo urbano que equilibra la habitación y el área verde. Los habitantes festejan que, una vez más, se declaró ciudad libre de basura y lugar de alta calidad de vida.

¿Por qué no?

¿Por qué la realidad se presenta como desgracia tras desgracia, desastre tras desastre, crisis tras crisis, en lugar de parecerse a un bienestar esperado, a un logro alcanzado, y a una necesidad satisfecha?

Lo más probable es que, como sociedad, como conglomerado de seres humanos y también en lo individual, no estemos aprovechando uno de los principales atributos que nos distinguen de los animales, no estamos planeando, no estamos previniendo, no estamos invirtiendo trabajo para construir, para ordenar, para edificar, para domeñar a la naturaleza y beneficiarnos de su fuerza.

¿Qué sucede? Dejamos que las cosas pasen.

A manera de conclusión

Enero 17, 2016

¿Y entonces qué, cuál es el punto?

El punto es que El Trabajo es Capital.

En el proceso productivo el obrero no aporta su fuerza de trabajo, aporta su trabajo.

El salario que recibe debe ser un adelanto de la retribución obtenida por su trabajo al realizarse como mercancía.

¿Cómo se hace posible lo anterior? Pues hay que hacer muchas cuentas, se requiere de una nueva contabilidad.

Quien haya leído esto comprenderá que sentar las bases de una nueva economía y modificar las condiciones de producción, es tarea de activos grupos interdisciplinarios.

Referencias

Billstein, Rick, Shlomo Libeskind y Johnny W. Lott. *MATEMÁTICAS: Un enfoque de resolución de problemas para maestros de educación básica.* Trad. por Manuel López Mateos. México: López Mateos Editores, 2012. isbn: 978-6079558321. url: https://lopez-mateos.com.

Ilin, M. y E. Segal. *Cómo el hombre llegó a ser gigante.* 1942. url: https://www.academia.edu/8157581/ (visitado 21-03-2019).

López Mateos, Manuel y col. *Formación y actualización en matemáticas de los maestros de educación básica.* 2009. url: https://www.academia.edu/5433695 (visitado 21-03-2019).

Pólya, George. *Cómo plantear y resolver problemas.* México: Editorial Trillas, 1989. isbn: 978-9682400643. url: http://www.etrillas.com.mx/detalle.php?isbn=9789682400643&estilo=&tema=17.

Índice alfabético